JN012324

寝たまま
できる！ パリジェンヌたちの体幹トレーニング

KANAMI式
バーオソル

KANAMI

日本文芸社

Prologue

あの頃、わたしに
「軸」なんてないと思っていた。

たった1回——。
カラダが目覚めた、
その瞬間。
世界がちょっとだけ輝きだした。

朝おきて、鏡に映るわたしの姿。

なんだかちょっと……

素敵に思えた。

「うしろ姿、キレイですね」

突然声をかけられた。

あれ？
わたしのカラダ、心地いい。

歩きたくなる。
走りたくなる。
もっと自由でいたくなる。

1回やると、カラダが目覚める。

7回つづくと、気分がアガる。

30回で、会う人みんなに気づかれる!

カラダが変わると、世界が変わる。

わたしは、わたしを好きになる。

Contenu

L'introduction

序章 *Secrets of beauty*

Leçon 1

KANAMI式バーオソル・レッスン

概論編 *La présentation*

スペシャルインタビュー

女優・比嘉愛未さん
「自分自身の心と体に向き直る、とても大切な時間」

Leçon 2

KANAMI式バーオソル・レッスン

準備編 *La préparation*

Leçon 3

KANAMI式バーオソル・レッスン

基本編 *Barre au sol*

Leçon 4

KANAMI式バーオソル・レッスン
成長編  La croissance

本書の使い方

「KANAMI式バーオソル」を

読んで知りたい!   動いて知りたい!

Leçon 1の
概論へ

Leçon 2、3、4の
実践へ

バレエ経験があり、
現在も定期的にレッスン中 ➡   Leçon 3からでも
OK

バレエ未経験だが、
時々運動はしている

バレエ未経験で、最近は
体を動かすこともしていない ➡   Leçon 2から
スタート

バーオソル経験があり、
自宅でもっとやってみたい ➡   Leçon 2〜4
同時スタートでも

エクササイズ動画への
アクセス方法

バーオソルは、バレエのよ
うにリズミカルに体を動か
すことも魅力の一つ。ぜひ、
動画でのレッスン体験をお
楽しみください。

※端末や通信環境によっては、ご利
用いただけない場合や別途通信料金
がかかる場合があります。本サービ
スは予告なく変更することがありま
す。あらかじめご了承ください。

QRコードを読み取って、
動画にアクセス!

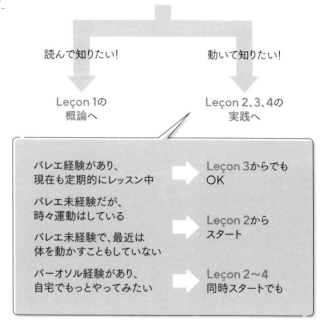

L'introduction

KANAMI式 バーオソル・レッスン

序章

———

いつの時代も女性たちのあこがれの的である
パリジェンヌ。彼女たちの美の秘訣は、
バーオソルの核に通じます。

ありのままが美しい
フランス人女性の在り方

　歳を重ねるごとに洗練され、どんどん魅力を増していく——。

　パリに滞在していると、**若くてかわいらしいことだけが女性としての価値ではない**ということに、何度も気づかされます。そこにいる人たちは皆「わたしらしく在る」ことに誇りと自信をもち、そのうえで互いのスタイルを尊重し合いながらともに暮らしを紡いでいます。

　そんな彼女たちを見ていると、本当になりたい自分の姿が見えてくるように思えてきます。

　いつの時代も女性のあこがれ、パリジェンヌ。
　彼女たちの姿が洗練されているように感じるのは、身につけているものすべてにおいて「ほかの誰かではなく、わたしに合っている

かどうか」を基準として選びとっているからでしょう。

　そこには「流行っているから」とか「誰かが持っているから」と　いった考えは、一切存在しないのです。

　例えば、友人のピアスを褒めるとき。「そのピアス、あなたにすごく似合っていると思うわ」と、一言。「どこで買ったの？」「かわいいからわたしも欲しい！」なんて、聞いたことがありません。

　普段の生活で大切にしていることは、**誰もがうらやむような素敵な服で必要以上に着飾ることではなく、今のわたしの心と体にフィットした一着を、わたし自身の体で着こなす**こと。

　朝、起きて服を着替えるとき。今日という日を生きるわたしは、何を身につけるべきなのか。まずはその日にテーマを設けて、それに沿って着るものを選んでいくと、彼女たちは言います。

　体型カバーなんて、もってのほか。パリでは特に、脚線美を重要視します。ラインを隠すロングスカートやワイドパンツは、スタイリッシュに着こなしていない限り、浮いてしまいます。

誰もが「自分軸」をもっているから
流行に振り回されることは、ない

　パリは「ファッションの都」として広く知られているからか、オシャレの流行発信地というイメージをもっている人も多いかもしれません。でも、実際そこで暮らす人たちの装いはいたってシンプルです。華やかな柄よりも着用時のラインの美しさや、それを生み出す素材の上質さを重要視し、モノトーンやグレー、ネイビーといった色味を好み、アクセサリーや小物類でちょっとしたポイントをプラスするイメージ。

　そのぶん、特別なときにはドレスアップをして非日常の時間と空間をたっぷりと楽しみます。そういったメリハリのつけ方もまた、わたしたちの心をくすぐりますよね。

　ですので、流行とはむしろ無縁と言ってもいいかもしれません。**彼女たちは所有物をむやみに増やさないし、無理に減らしもしない。それぞれに思う「いいもの」を長く大切にもち続けます。**

　そういった在り方からもわかるように、フランスの女性たちは皆、自分だけの軸をもっています。

　ファッションデザイナー　ココ・シャネルは「一番、勇気の要る行動って、自分自身の頭で考えること。そしてそれを声に出すこと」

という言葉を残しています。日々の小さな選択から人生を左右するような大きな選択まで、何かを選びとる場面において常にパリジェンヌが指針としているのは「自分軸」にほかなりません。

　生きていく上で、自分が大切にすべきことは何か。答えは、人それぞれ。正解なんてありません。でも、ありのままが美しいフランス人女性たちとともに時間を過ごしているうちに、**ないがしろにしてしまいがちな「わたし自身」をもっと大切にしてあげたい**と思えるようになりました。

Paris

　流行りのスタイルはもちろんかわいいと思うし、素敵なあの人とお揃いのものがあるとやっぱりうれしい。
　それでも「わたしはわたし」と、自信がもてたら毎日に迷いがなくなります。どこかで感じていたモヤモヤもスーッと消えて、心と体がフワッと軽くなるような感じがするのです。

19

「パンツの下におしりは要らない」
何歳になっても美しくセクシーに

　　自分軸で生きるフランス人女性たちは、身につけるものだけでなく、それを美しく着こなすための体づくりにもしっかり意識を向けています。

　「あなたたち、パンツの下にはみ出たおしりは要らないのよ！」とは、バレエの先生のお言葉。バレエダンサーたるもの、という意味もあったのかもしれませんが、パリの女性たちの暮らしぶりから想像するに、バレエをしていても、していなくても、ボディラインに関しては共通して同じような意識をもっているように感じます。

　　それこそ自分に合っていると思った方法を自由に選んで、生活のルーティンにうまく組み込んでいます。しかも、一度コレ！と決めると、大げさではなく一生続けます。余程のことがない限り、ほかに浮気することもないようです。

　　その証拠に……なるかどうかわかりませんが、パリの街にはダイエットグッズのようなものは全然売っていませんし、書店に行ってもトレーニング関連の本は、ほとんど置かれていません。

　　そう聞くと「パリジェンヌってストイック！」と思うかもしれま

せんが、負担に感じることはないそう。な
ぜなら彼女たちは、**今、何をすることが、
少し先の未来の自分のためになるかを知っ
ている**からです。

　フランスの人たちは、友人たちと集まっ
ておしゃべりする時間をこよなく愛してい
ます。毎晩のように誰かとゆっくり食卓を
囲むという習慣を大切にするために、普段
から体を動かし健康を管理するという側面
もあります。

　運動する必要があると自分で判断したから、する。運動をするこ
とで自分がより心地よくいられることがわかっているから、する。
やりたいからやっている。ただ、それだけのことなのです。

　言わずもがな、年齢なんて関係ありません。**若くても、歳をいく
つも重ねていても、心と同時に体にも同様のしなやかさを求め続け
ている**ような印象を受けます。いくつになっても美しく、どこかセ
クシーであり続けるゆえんはそこにあるのかもしれません。

21

「こり」や「痛み」と縁遠いフランス人 後ろ姿ですぐわかる日本人

　日本にいると「肩こり」「首こり」「腰痛」「膝痛」といった不調を表すワードを頻繁に目にします。一方で、フランスにいると、そのような言葉と出合うことは、ほとんどありません。

　運動習慣があるからこそ、こりや痛みとは縁遠いということもあるでしょう。また、パリには日本にあるような気軽に立ち寄れるクイックマッサージ店などが存在しない、という理由もあると思っています。簡単にメンテナンスができないとなったら、わたしたちもできる限り体の調子を崩さぬよう無理のない範囲で調整を始めますよね。そういった意識が、彼女たちの日常なのです。一度決めた生活ルーティンは、たとえ旅先でも崩すことはありません。

　結局は、**自分をないがしろにせず、どのようにしていたら「わた
し」が心地よくいられるかを突き詰めて、その答えに忠実に一つ一
つの選択を積み重ねていく**というところにたどり着きます。

　例えば、姿勢。立っているときも座っているときも、動いている
瞬間でさえも適度な緊張感をもっているから、どこを切り取っても
彼女たちの姿勢はとても美しい。油断しがちな後ろ姿も、「常に背
中への視線を意識するようにしている」と言います。

　これこそが、フランス人女性がありのままで美しいと感じる何よ
りの理由。

　一方、「パリの街角に旅行客がたくさんいても、後ろ姿だけで日
本人ってわかるのよね」と彼女たちは言います。常にスマホを片手
に写真を撮ったりシェアしたり……。手元にばかり意識が向いてい
るから肩がすくんで首が前に出て猫背になってしまい、上体が前の
めりになっているんだとか。

「もっと自分自身に目を向けてあげて〜！」と、思わず声をかけた
くなってしまうそうです。

「ボディメイク」の概念なし！
パリジェンヌはレッスンで汗をかく

　パリの友人たちと話をしているとき、彼女たちのなかに「ボディメイク」という概念がないことを知りました。

　生活の一部として体を動かす習慣が身についているため、わざわざ体のカタチを変えるためだけに、例えば仕事のあとに友人と食事に行くのではなく、ジムに行くといった選択肢はもちあわせていないのです。

　しかし、そのように話すフランス人女性たちのスタイルは抜群。じゃあ、スタイルキープの秘訣は何？と尋ねると、口々に「バーオソル」との答えが返ってきます。

　そう、**パリジェンヌは日常的にバレエスタジオに足を運び、バレエの基礎レッスンである「バーオソル」に取り組んでいる**のです。

　日本におけるバレエには「女の子があこがれる特別な習い事」というイメージがあると思います。もちろん、パリでもバレエダンサーは子どもが抱く夢の一つですが、日本のそれよりはもっと身近。

　パリという土地には、バレエのみならず芸術文化が根付いていま

　す。週末、家族で素敵な装いをしてシアターにバレエ鑑賞に行くのも、日常のなかにある一つの風景。つまり、**バレエスタジオにおけるレッスンも、わたしたちが思うよりずっとカジュアル**なのです。

　スタジオでは、バーオソルだけでなく通常のバレエレッスンも行われていますし、その二つと比べると数は少なくなるけれど、ピラティスなどインナーマッスルにアプローチして体の軸を強化するレッスンも行われています。

　扉をあければ老若男女を問わず、自分自身と向き合うことを忘れずに自分軸を大切にしている人たちで、どのレッスンもとても賑わっているのです。

最古の体幹トレ「バーオソル」で
自分軸を生み出し、内側から輝く！

「バーオソル」とは、バレエダンサーの体づくりのために生まれた基礎トレーニングです。

詳しくは後述しますが、誕生したのはまだ「体幹」なんていう言葉もなかった時代。一説では世界最古の体幹トレーニングなのではないか、とも言われています。

私自身、バレエダンサーとして海外を拠点に活動を続けていくなかでバーオソルと出合いました。実践する前と後では、体の状態は大違い。それまでは「一生付き合っていくしかない」と諦めていた痛みなどの不具合もバーオソルをキッカケに、みるみる整っていきました。

苦痛も違和感もなく、思うがままに自由に体を動かせる。その感動といったら、ありません。

そして、瞬間の所作すら美しいパリの女性たちの多くがバーオソルに取り組んでいることを知ったとき、私のなかで混在していた「点」と「点」が線でつながったような感覚が生まれました。

　パリで暮らす女性たちは、それぞれに「わたし自身」を大切にする気持ちとそれに伴う自分軸をもっている。

　そのうえ、バーオソルによって体のなかの軸（＝体幹）を整え続ける習慣も身についている。心と体はつながっているからこそ、そこには相互関係が必ずある——。

わたしたちが本当になりたい自分の姿。
それは、自分軸をもち、内側から輝く光を放つわたし。

　想いを叶える KANAMI 式バーオソルメソッドを、この一冊でお伝えいたします。

こんな方にオススメ！

* 脚のラインを綺麗にしたい
* おなかをへこませたい
* ヒップアップしたい
* 正しい姿勢を身につけたい
* 首をスーッと長くしたい
* 全身バランスをよくしたい
* 最近、代謝が落ちてきたような感じがする
* 肩こり・腰痛がツラい
* 体幹を鍛えたい
* 体を柔らかくしたい
* 美しい所作を身につけたい
* スポーツのパフォーマンスを向上させたい

●用意するもの／くつ下、ヨガマットなど
本書では、足の動きをわかりやすくするためにすべてのエクササイズを素足で行なっています。実際には、足と床との摩擦を小さくするために靴下を着用し、行ってください。

●床との摩擦を防ぐため、ヨガマットやタオルをひいて行うのがオススメです。

●本書で紹介するエクササイズは、個別の疾病等には対応しておりません。気になる点がありましたら、必要に応じて医療機関等へご相談ください。

Leçon 1

KANAMI式 バーオソル・レッスン

概論編

バレエダンサーのコンディショニングとして生まれた
「バーオソル」。その始まりから「KANAMI式」がもつ
特徴までをやさしく解説します。

「バーオソル」とは
「床の上でするバレエ」

───

　ここからは、フランス人女性が放つ"光のもと"である自分軸をつくる「バーオソル」の概論をお伝えします。

　本書で紹介する「KANAMI式バーオソル」の原点は、フランス式と呼ばれる「バーオソルクニアセフメソッド」です。
　起源は1950年代、パリ・オペラ座の大エトワールであるイヴェット・ショビレやローラン・プティ、ジジ・ジャンメールなど、数々の著名なバレエダンサーを育てた「伝説のバレエ教師」ボリス・クニアセフ氏が考案しました。
　あるとき、クニアセフ氏がバーのないスペースでレッスンを行うことになり、それをキッカケに生まれたと言われています。

　「Barre au sol ／バーオソル」とは、フランス語で「床の上でするバレエ」を指す言葉です。言葉の通り、レッスンでは床の上で寝た状態や座った状態でバレエの動きを行っていきます。
　その実態は、自体重を利用して行う体幹トレーニングと言い換えることができるでしょう。

Barre au sol
＝床の上でするバレエ

MERIT 1 〉〉

体幹強化

MERIT 2 〉〉

背中まわりや股関節の
柔軟性アップ

姿勢への意識と呼吸の組み合わせで体幹部を内側から刺激すると同時に、主な関節を大きく使った動きによって背中まわりや股関節などに柔軟性をもたらします。

床との接地面が多く、重力の影響を極力排除することができるため、バレエ未経験者であっても正しいポーズが取りやすいのも特徴です。

たった1回で全身リセット！
強さを引き出し弱さをカバー

———

　寝たままでできるというお手軽な感じも人気を後押ししたと思われますが、バーオソルが愛されるのにはそのほかにもいくつかの理由があります。

　まずは、1回のレッスンで全身をくまなくリセットできるという点です。ジムでワークアウトするときも、ヨガのレッスンを受けるときも、あるいはサロンでマッサージを受けるときも、その日、特に重点的に鍛える、整える、あるいはほぐす部分を決めるはず。
　しかしバーオソルには、その事前の設定が必要ありません。なぜなら、繰り返しになりますが1回のレッスンで全身をあるべき姿に近づけて、心地よい状態にリセットできるからです。

　<u>バーオソルのレッスンで行うことは「筋肉を使って、育てる」ということ。「育てる」というのは、大きくするという意味ではなく、必要な強さを引き出して弱くなってしまった部分をカバーするという意味</u>です。

　個人のレベルに応じて強度を調整することもできますし、筋肉を

育てるために負荷をかけるにしても、自体重だから安全性も高いのです。そのうえインナーマッスルに強くアプローチをしていくから、継続したときに必要以上に鍛えられる心配もありません。

　しかし、本場のクニアセフメソッドは当然ながら多くの「日本人が抱える体の不調」は加味していません。また、さまざまなスポーツシーンで伝えられているように、欧米人と日本をはじめとしたアジア人との間には、骨格の違いが存在します。

　特に大きな違いとして、欧米人は腰にカーブがあって骨盤が立ちやすいのに対し、日本人は腰のカーブが少なく骨盤が後傾、もしくは前傾しやすいという点が挙げられます。

　骨盤が立つということは、おなかやおしりなど、しっかり使っていきたい体幹部分の筋肉が適切に使われている＝すでに軸が整っている、ということになります。つまり、クニアセフメソッドのバーオソルは自分軸がある前提でレッスンがスタートしてしまうのです。

日本人の体に合わせた
「KANAMI式バーオソル」

　骨盤が後傾、もしくは前傾しやすいわたしたち日本人の体は、もともと姿勢が崩れがち。体幹部の筋肉が適切に使われにくく、背中が丸まり、腹筋が縮まりやすい性質をもっています。そのうえ近年のライフスタイルの変化──長時間のデスクワーク従事、隙間時間のスマホやタブレット操作など──により、いまや姿勢の崩れに歯止めが利かない状態にあります。

　適切に使われない筋肉は、放っておくと凝り固まってしまいます。固まる、と聞くとなんとなく体の中心軸として安定しているように感じるかもしれませんが、**軸として機能する筋肉にはしなやかさがマスト**。

　そこで、私は日本人特有の体の問題に着目し、**凝り固まった筋肉を「ほぐす」ことで状態をリセット。そして「しめる」アプローチを加えた後に「ゆるめる」**といった独自のアレンジをメソッドに加えました。それが「KANAMI式バーオソル」です。

KANAMI式
バーオソルメソッド
3 STEP

1 ほぐす

深くゆったりとした呼吸で
縮こまった腹筋をゆるめてほぐす。

2 しめる

全身を適切に動かすことで
必要な筋力を育て、
弱くなってしまった部分を補強。

3 ゆるめる

筋肉のしまりを
さらによくするために、
「使ったらゆるめる」を繰り返す。

身体矯正力 UP!

1回のレッスンで、余計な力みと疲れがスーッと消える

現在、KANAMI式バーオソルを実践している方の年齢層はさまざまです。7歳から80代、年齢だけでなく性別も問いません。さらには一般の方から現役トップアスリート、そしてタレント・女優業の方々まで、あらゆる層からの支持をいただいています。

立場によって体づくりの目的は異なるはず。なのに、なぜすべての望みを叶えることができるのかといえば、**個々の抱える体の問題に対して自分自身で考えながら、それでいて決して無理をすることなく対応していける**からです。

大まかな流れは決まっているけれど、状態に応じてアレンジをしていくことができるセミオーダーメイドのような、ちょうどよさが魅力の一つとなっています。

また、よくある体づくりのプログラムは、トレーニングという本編に対して、前後あるいは両方にストレッチがプラスアルファで入ってきますが、KANAMI式バーオソルの場合一つ一つの部位に対して矯正をかけていくために、**本編そのものがトレーニングであり、ストレッチ**でもあります。

バーオソルを実践すると不要な力みがスーッと抜けて、立ち上がったときに重力をドシッと感じられるようになります。

力みが抜けると体内のめぐりがよくなります。つまり、自分の力で首・肩こりなどの不調を解消しながら、疲れにくい体に近づくことができるのです。

骨格が整う

骨に付着した筋肉たちが
適切に使われ始める

>>

こり、腰痛の解消

内臓が正しい位置に戻り、
代謝アップ

余計な力みからの解放を実感!

こんな人は特にオススメ

* 長時間のデスクワークに従事している方
* スマホやタブレットの使用頻度が高い方

KANAMI式
バーオソルとは……

パリ発！バレエダンサーのために生まれた
パフォーマンスアッププログラムに
現代日本人の多くが抱える体の悩みに合わせてアレンジを加えた
「体幹トレーニング×ストレッチ」の新たな身体矯正メソッド。

たった1回やるだけで……
ゆがんだ骨格が整って、首・肩こりや腰痛、
膝痛などの不調を解消。
力みが抜けてめぐりがよくなり、
むくみも疲れも寄せ付けない体に！

1週間。1ヶ月。
続けるうちに、心と体の「自分軸」が整って
どんどん自分に自信がつくから
「わたし」は「わたし」を好きになる。

誰にでもできる。
やれば必ず、体が変わる。

まるで、背中に翼が生えたかのような
特別な軽やかさを今、手に入れよう。

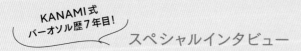

KANAMI式
バーオソル歴7年目！

スペシャルインタビュー

女優・比嘉愛未さん

衝撃！バーオソルとの出合い

　KANAMI先生のバーオソルを初めて体験したときの衝撃は、いまだに忘れられません。自分の体のはずなのに「こんなにも言うことを聞いてくれないものなの!?」と。

　それまでもいろいろなトレーニングを積んで体を鍛えてきたけれど、バーオソルではまるで生まれたての子鹿のように全身がプルプル震えてしまって、ポーズ一つまともに取れませんでした。もう、悔しさすら覚えましたね（笑）。

　でも、それは「人は、思っている以上に自分の体をコントロールできていない」ということへの気づきでもありました。これは、自分自身に向き直るすごくいいキッカケになるんじゃないかと、続けることを決意したのです。

体のライン以上に、心に変化が

　レッスンを重ねるにつれ、少しずつできるようになっていくのと同時に、体幹の安定性が高まったことを実感しました。**体が軽くなった感じがして、日常生活の動きもスムーズになりましたし、筋肉の付き方が変わったことで体のラインがとても変わりました。**

　でも、それ以上に実感しているのはメンタルの変化です。バーオソルと出合えたことで、ポジティブな精神力がつきました。

自分自身の
心と体に向き直る、
とても大切な時間

ひが・まなみ
1986年、沖縄県生まれ。2007年NHK朝の連続テレビ小説「どんど晴れ」でヒロインを演じる。以来CMやドラマ、映画などで幅広く活躍中。2013年よりKANAMI式バーオソルを実践中。

わたしのすべてが整う

　バーオソル歴は、今年で7年目になりますが、その間ずっとコンスタントにレッスンを受けてきたわけではありません。仕事の都合上、どうしても忙しくてブランクになってしまうときもありましたし、反対に作品づくりのためのボディメイクとして集中して取り組んだときもありました。

　もちろん自分に変化をもたらすためには、頻度も大切だと思います。けれども、そのうえで感じているのは、**レッスンを受ける側、つまり自分がどれだけ素直に心と体と会話をして、集中することができるのか**。バーオソルの成果は、その先にこそあるような気がしています。

　そして、その時間がどこか「禅」の世界にも通ずるような……。とにかく体だけでなく、心まで鍛えられるので、バーオソルでわたしのすべてのバランスが整うのです。

続くのは、KANAMI先生だからこそ

　バーオソル自体とても素晴らしいメソッドなのですが、わたしが続けられるのはやっぱりKANAMI先生の人柄があってこそ。いつもエネルギーに満ち溢れていて内側から輝くパワーの持ち主。なので、純粋に会いたい！という気持ちにさせてくれます。

　そして、KANAMI先生のバーオソルへの愛情がすごい！　頻繁に本場のパリへ出向いては、バーオソル漬けの日々。自分のスキルアップを怠らず、その素晴らしさを世界へ広めたいと強く思う気持ちが、とっても素敵。わたしもバーオソル愛に目覚めた一人として、より多くの方に知ってもらいたいと思っています。

Message from KANAMI

　初舞台に挑む前の体づくりがきっかけで、バーオソルをスタートさせた愛未ちゃん。初めて会ったときから今でも、スラッとしたスタイルに変わりはありません。ですが、「軸」がしっかりしてきて、姿勢がよくなりました。加えて、全身にバランスよく筋肉がつき、体の柔軟性が増し、体力がつき、発する言葉もポジティブからスーパーポジティブに。バレエダンサーですら「難しい」と思うほどのメニューまでこなせるようになり、今もなお大進化を続けています。

　そんな愛未ちゃんとはいつしか夢を語り合うようになり、ニューヨークなど海外にも一緒に旅をする仲になりました。とにかくいつも前向きで明るくて、人想い。外見だけでなく、人間的な魅力を沢山もったところが、多くの人に愛される秘訣なのだなぁと思っています。

> ❝ まっすぐでピュアで、感謝に溢れる女性
> いつも大きなパッションでついてきてくれる ❞

En haut!

　始めた当初はレッスンの翌日はオフ！という日を必ず選んでいたようですが、今では大事な撮影前や、お仕事前の早朝レッスンもできるように。レッスン中の彼女の口ぐせは「よし！気合いが入った〜」です。"地味な動きなのに結構ハード"がバーオソルの特徴の一つでもあるのですが、愛未ちゃんとは最初からマンツーマンレッスンなので、他の人と比べることができない。これが彼女にとってはよかったのかもしれません。プランクを余裕の笑顔で5分近くできる人は会ったことがありません（笑）。

　これからも女優としてさらに輝くために、私も体づくりでしっかりとサポートさせていただきたいと思っています。

Leçon 2

KANAMI式 バーオソル・レッスン

準備編

体をバーオソルの動きに慣らす
準備期間。凝り固まった体をほぐしながら、
動かしやすい状態にしていきます。

「バーオソル」を始める前に
「自分軸」の現状チェック

CHECK 1 >> ひざの上げ／下げ

腰に手をあて、まっすぐ立つ。
片足ずつ、ひざをしっかりと持ち上げて、
ゆっくりと数回足ぶみをする。

カクニン！
- 軸足の足裏3点
  （拇趾球、小指球、
  かかとの中央）で
  しっかり地面を
  とらえている？
- 骨盤はまっすぐ？
- 足の重みを
  どのように感じる？

NG

骨盤後傾　　　反り腰　　　骨盤の傾き

KANAMI式バーオソルによる変化を求めるためには、現状を知らないことには始まりません。まずは、今の「自分軸」の状態をチェックしておきましょう。

この二つのチェックはバーオソルを始めたあとにも時折行うことをオススメします。どんどん感覚が変わっていくので、日を追うごとに自分軸が安定していくのを感じることができるはず。

CHECK 2　　>>　　かかとの上げ／下げ

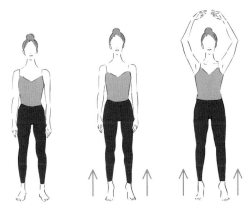

足は腰幅に開く。
かかとをゆっくりと「上げる・下げる」を繰り返す。
できる人は両手をアンオー（P.54）にして行う。

カクニン！
* 重心が脚の外側に
　逃げていない？
* アンオーで
　肩はすくんでいない？
* ひざはピンと伸びている？

NG

ひざの曲がり　　肩のすくみ、外側重心

Leçon 2

45

「おなか奥」の引き上げ力

　自分軸を整えるにあたり、まず始めたいのが**体の胴体＝体幹部におけるインナーマッスルの強化**です。KANAMI式バーオソルでは、後傾／前傾しやすい骨盤を「立てる」意識をもつことでそれを実現していきます。

　骨盤を立てるために使うのは「おなか奥」と「おしり下」にある筋肉です。まずは「おなか奥」の使い方を解説していきましょう。

　体のなかで唯一、おなか周りには骨がありません。あるのは筋肉だけ。つまりは、**腹筋群を適切に使ってはじめて姿勢は適切に保たれる**ということです。おなかを奥から引き上げると、いわゆる「腰骨（こしぼね）」と呼ばれる腸骨（ちょうこつ）を含む寛骨（かんこつ）が本来のポジションに近づいて、脚の動きを生み出すための股関節にあるべきスペースを取り戻すことができます。寛骨の位置を正すと背骨からつながる仙骨（せんこつ）も連動して整い、骨盤がさらに立ちやすくなります。そのまま座ると坐骨（ざこつ）で座面をとらえることができる理想のポジションに収まるのです。

バーオソルによって
主に鍛えられる
体幹部の筋肉群

注）解説のために体の片側のみに
示している筋肉もあります。

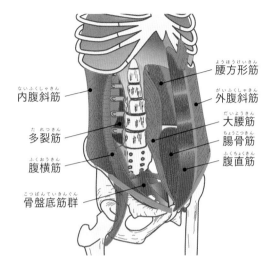

腰方形筋（ようほうけいきん）

外腹斜筋（がいふくしゃきん）

大腰筋（だいようきん）

腸骨筋（ちょうこつきん）

腹直筋（ふくちょくきん）

内腹斜筋（ないふくしゃきん）

多裂筋（たれつきん）

腹横筋（ふくおうきん）

骨盤底筋群（こつばんていきんぐん）

「おなか奥」の
引き上げによって整う
骨盤まわりの骨格

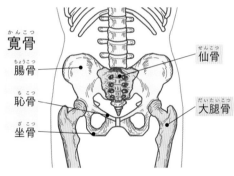

寛骨（かんこつ）

腸骨（ちょうこつ）

恥骨（ちこつ）

坐骨（ざこつ）

仙骨（せんこつ）

大腿骨（だいたいこつ）

寛骨＝腸骨（左右）＋恥骨＋坐骨

坐骨という言葉を「はじめて聞い
た」という場合、絵のように手を
使っておしりのお肉をちょっと横
によけて探してみてください。ゴ
リゴリとした骨が左右に２つ見
つかります。

「おなか奥」の
引き上げプラクティス

KANAMI式バーオソルのレッスンは、基本的におなか奥を常に引き上げたまま行います。レッスン前の準備として深い呼吸を使って、引き上げの感覚スイッチをオンにしておきましょう。

check!
息を吐き切ったときの
おなかの感覚を覚えよう!

息を吐きながら
へそを床に近づける

鼻から吸って

口から吐く

1 あお向けの状態で、鼻から吸って
口からゆっくり息を吐く

∨

2 へそを背骨に近づけながら
息を吐き切る

∨

3 吐き切ったときのおなかを
キープしたまま、呼吸を繰り返す

KANAMI式バーオソル強化ポイント②
「おしり下」の引き締め力

「おなか奥」とともに使えるようになりたいのが「おしり下」です。昨今ボディメイクのパーツとしても注目を集めるおしりの筋肉。バーオソルでも、その使い方が大切なポイントとなります。

　おしりの筋肉と聞くと、おしりの丸み部分にポテッとついているだけのように思えるかもしれませんが、実際は骨盤や太ももの骨に付着していて、姿勢＝正しい骨盤のポジションの保持や脚の動きにダイレクトに関わってきます。

　おしりは一つの大きな筋肉ではなく、いくつかの筋肉によって構成されています。そのなかでバーオソルで使っていきたいのは、股関節のインナーマッスルである「深層外旋六筋」です。

　イラスト（次頁）を見ると、深層外旋六筋は仙骨の横から始まって大腿骨の出っ張りに付着しています。**「おしり下」と言っても実際には「おしりの下のほう」であり、坐骨より下ではありません。**

「おなか奥」の引き上げによって骨盤が立つと、それまで緊張していた腰・おしりまわりの筋肉がゆるみ、深層外旋六筋にも本来の自由度が戻ってきます。**深層外旋六筋はその名の通り、股関節の外旋に欠かせない筋肉であり、きちんと機能することで骨盤全体に安定性をもたらします。**

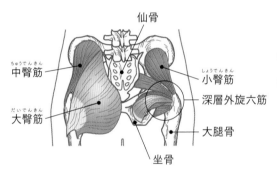

仙骨

中臀筋
ちゅうでんきん

小臀筋
しょうでんきん

大臀筋
だいでんきん

深層外旋六筋

大腿骨

坐骨

深層外旋六筋の名前を覚える必要はありません。「おしり下を引き締める」といったときに使いたいのはココ、というイメージをもっておいてください。

注）解説のために体の片側のみに示している筋肉もあります。

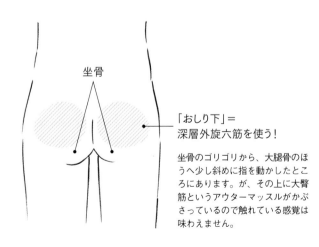

坐骨

「おしり下」＝
深層外旋六筋を使う！

坐骨のゴリゴリから、大腿骨のほうへ少し斜めに指を動かしたところにあります。が、その上に大臀筋というアウターマッスルがかぶさっているので触れている感覚は味わえません。

「おしり下」の
引き締めプラクティス

先に練習をした「おなか奥」の引き上げにプラスして「おしり下」の引き締めの感覚スイッチをオンにしていきます。レッスンのなかでも、二つを同時に意識する場面がよく出てきます。

check! 坐骨を内側に
引き寄せるような意識で!

脚が外旋
(ひざが外に開く)
すればOK!

キュッ!

1 あお向けの状態で
「おなか奥」を引き上げる(P.48)

∨

2 坐骨を内側に引き寄せるイメージで
「おしり下」を引き締める

∨

3 引き締めたとき、脚が外旋
(ひざが外に開く)していれば成功!

「おなか奥とおしり下」以外は
力まず、固めず、リラックス!

―――

　おなか奥とおしり下を使う意識をマスターしたら、ほかのパーツはすべて力まず、固めず、リラックスしておきましょう。それがバーオソルによる効果を最大限に引き出します。

　でも、その状態は簡単なようで案外難しいもの。コツは、**おなか奥をグーッと引き上げて、おしり下をキュッと引き締めたときの普段よりおなかが縦に伸びている感じをキープ**すること。

　具体的には、このときの【あばら骨（肋骨）と腰骨（腸骨）の距離感】を変えずに動いていきます。

　バーオソルで整えていきたい自分軸は、表層部にあるアウターマッスルではなく深層部にあるインナーマッスルによって成り立っています。

　呼吸を駆使したおなか奥の引き上げでアプローチしているのは（アウターをまったく使っていないわけではないけれど、主には）インナーです。しかし、**あばら骨と腰骨の距離が縮まると、その動きによってアウターにアプローチしてしまう**のです。

　レッスンでは「おなかに常にスクエアの空間をキープしてください」とお伝えしているのですが、参考までにフランスのレッスンで

check!

1 おなか奥を
グーッと引き上げ

3 あばら骨と腸骨の
距離感をそのままに、
おなかのスクエアをキープ

2 おしり下を
キュッと引き締め

は「Dead sea!」と連呼されます。**まるで死海に浮かんでいるかのようなリラックス感**を、という意味です。

　なぜ、そこまでの脱力を求めるのかというと、股関節の動きを失わないためです。アウターにスイッチが入ってしまうとおなかのスクエアが潰れて、その下の股関節が圧迫されてしまいます。

　圧迫された股関節を動かすためには、本来ならば不要な力が必要になり、前ももなど、あまり太くしたくないパーツの筋肉を育てることになってしまうからです。

KANAMI式バーオソル 用語解説

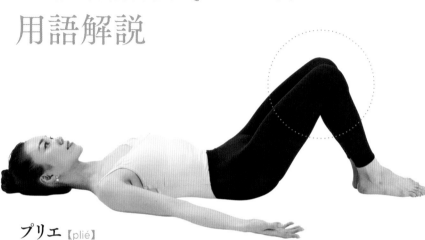

プリエ 【plié】

屈伸。本書では、あお向け姿勢で両ひざを曲げるシーンが頻出します。プリエには「ストレッチ」がセットで登場しますが、曲げたひざを伸ばすという解釈でOKです。はじめのうちは難しいかもしれませんが、慣れてきたら脚よりもおなか奥の力で両ひざを引き寄せる意識をもって行いましょう。

アンオー 【en haut】

頭の上、というより額の上に両手を上げて両ひじを軽く曲げる動作。指は自然に、手のひらは額に向けます。腕を上げるときは、肩甲骨から動かす意識をもつと二の腕、背中の筋肉をしっかり使えるようになります。肩がすくまないよう注意。

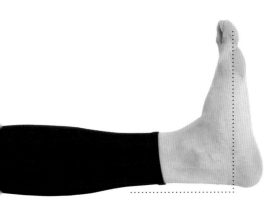

フレックス【flex】

足首をしっかり曲げて、つま先を体に
引き寄せたポジション（手首に使う場合
も）。つま先を体に引き寄せようと力を
入れがちですが、意識したいのは足首。
かかとが床から浮くくらい遠くに押し出
していくと、滞りやすいひざ裏のリンパ
の流れがよくなります。ふくらはぎのス
トレッチ効果も。

ドゥミ【demi】

フレックスからポイント（下記）への通過
点。足首と足の甲を伸ばし、指の付け根
を押し出して、つま先は体に引き寄せる。

ポワント／ポイント
【pointe】

足首から足の甲、つま先までを伸ばした
ポジション。ふくらはぎの収縮を意識し
すぎるとつりやすいので、どちらかとい
うと脚の前側全体がストレッチされるの
を感じて。レッスンでは、わかりやすく
「ポイント」と呼びます。

パッセ 【passé】

ターンアウト（下記）をした片足のつま先を、軸足の足首からひざのあたりまで持ち上げる動作。「パッサージュ／通る」という言葉が語源。脚を動かすときはおなか奥と内ももを使う意識で。骨盤が傾かないよう注意。

アンドゥオール ／ターンアウト
【en dehors】

おしり下の筋肉（深層外旋六筋）を使って、股関節から脚全体を外旋させる動作。開く角度はできる範囲でよいのですが「股関節」「ひざ」「足首」の3点がセットで同じ方向を向いていることが決まりごとです。レッスンではわかりやすく「ターンアウト」と呼びます。

パラレル 【parallèle】

両脚平行のポジション。かかとを床につけていても、いなくても、両脚が平行に並んだ状態をさします。

column

Bonne chance!

あこがれのベターッ!と開脚に
近づきたい方へ

「体が固い」ことをコンプレックスに感じ、「体が柔らかい」ことにあこがれる人は、少なくありません。

どうやったら180度の開脚ができるようになれますか?という質問の答えの一つとして、わたしがお伝えできることは「KANAMI式バーオソルを続けると、股関節の柔軟性も高まる」ということです。

理由はP.46～お伝えしたとおり。おなか奥を引き上げることで股関節が解放され、その状態で動くことが股関節に付着する筋肉のストレッチになるからです。

わたし自身、ロシアのバレエ学校時代には一般的な開脚ストレッチを積極的に行っていました。が、フランスに渡りバーオソルに出合って以降は一切行っていないにもかかわらず、股関節の柔軟性が高まっているのです。

あこがれのベターッ!と開脚に近づきたい方にも、KANAMI式バーオソル、おすすめです。

『1日1回×1週間』の準備期間 身体解放！自分軸の目醒め

　ここからいよいよ KANAMI 式バーオソルのレッスン開始です。まずは「準備編／プレパラシオン」から紹介していきます。

　本書を手にとってくださる方で、現役バレリーナの方はいらっしゃるでしょうか。バレエの動きに親しみがあり、今も定期的にレッスンを受けている方はここはスキップしても構いません。
　反対に「バレエの経験が一切ない」「小さいときに習っていたけれど、ここ数年は触れていない」あるいは「普段、まったくの運動不足です」という方は、必ずここから始めていきましょう。

　ベーシックなバーオソルレッスンに入る前に「プレパラシオン」に取り組む大きな目的は、2つ。
　1. 日常ではあまり使わないパーツを使うバーオソル特有の動きに親しむこと
　2. 心と体の凝り固まりをリリースして、休眠状態の「自分軸」を目醒めさせること

これから皆さんが取り組むのは、もしかしたら生まれてはじめての動きになるかもしれません。生まれてはじめてのことを最初からうまくできる人など、ほとんどいません。

　なので、**できなくてもいい**のです。その代わり「**自分ができないこと」を知り、それを受け止めましょう**。大丈夫です。繰り返すうちに少しずつ、でも確実にできるようになりますから。

　もしも生活が忙しくプログラムのすべてをやるのが難しいようであれば「1日1回」のルールは守りつつ、反復回数を減らしてください。例えば「4往復」と書かれているものを「2往復」にしてOK、ということです。

　反復回数が少なくても、動けば必ず凝り固まりはリリースされます。その度合いは変わるかもしれません。でも、それよりもまずは動きに慣れることに重きをおきましょう。

動画はこちら

ボディリリース

ハンガーを用いてバランスを取りながら、
体側全体をしっかりと伸ばします。

準備

足は腰幅よりも大きく開いてターンアウト。おなか奥に意識を向けた状態をキープ。ハンガーを手に取り、頭上に上げて準備。

> 上体を倒すときは、まっすぐ横に。前傾しないよう注意。

効果

+ 美姿勢メイク
+ 呼吸改善
+ 疲労回復
+ 肩こり解消

1 息を吐きながら、体を倒す

息を吸い、吐きながら上体をななめ遠くに倒す。肩がすくんでいないか、背中が丸まっていないか、腰が反ったりしていないか……など、姿勢に注意を向けながら行います。

2 体を戻して、反対へ

息を吸い、吐きながらさらに遠くを通るイメージでカラダを中央に戻して、反対側も同様に。左右交互に4回ずつ。回数を重ねるごとに、深く倒せるように動きを大きくしていきます。

1~2×4 セット

※すべてのエクササイズはヨガマットなどをひき、くつ下着用で行うのがオススメです

動画はこちら ◀

アームス

腕全体を使って、肩甲骨を寄せる動きを
繰り返します。

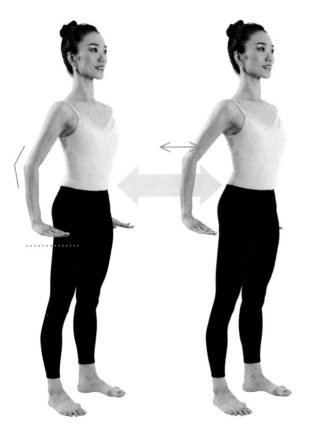

Leçon 2

効果

+ 肩まわりの強張り解消
+ 背中＆二の腕
　シェイプアップ

ひじを張ったり、肩を
すくめたりしない

ひじは真後ろに引く、
が正解

1 準備姿勢を作る

足は腰幅に開いて、パラレル
に。肩の力を抜いてから、手
首をフレックスにして軽くひ
じを曲げる。胸を開いた状態
をキープして準備。

2 姿勢を保ったまま、両ひじを前後

作り上げた準備姿勢のまま、
両ひじを前後に細かく動か
す。1分間、続けましょう。

1〜2×1分間

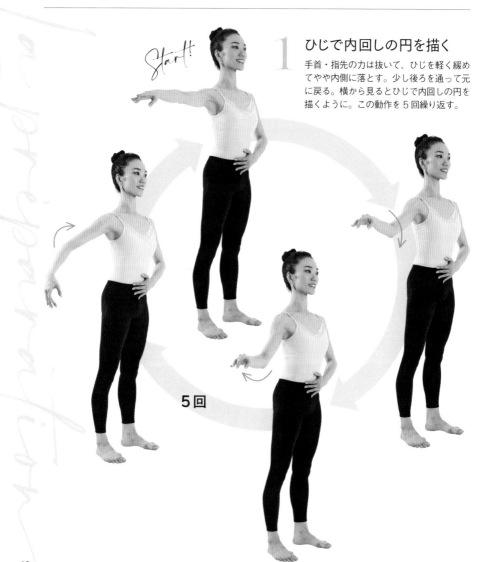

動画はこちら

スワンアームス

白鳥の翼の動きをイメージして、
腕全体を柔らかく使います。

Start!

1 ひじで内回しの円を描く

手首・指先の力は抜いて、ひじを軽く緩め
てやや内側に落とす。少し後ろを通って元
に戻る。横から見るとひじで内回しの円を
描くように。この動作を5回繰り返す。

5回

準備

足はパラレルで腰幅に開き、片手を肩の高さで横に広げてもう一方の手はおなかに。おなか奥を意識した基本姿勢をキープ。

効果

➤ 背中&二の腕
シェイプアップ

2 羽ばたくような軌道で、頭上に手を

背中・肩甲骨から腕を使って、羽ばたくように手を頭上に持っていく。息を吸いながら同時に目線も斜め上に。下ろすときは息を吐きながら目線も合わせて動かす。2回繰り返す。

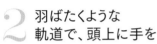

2回

動かすのは肩甲骨から。手首ではない。

3 反対の手で

1~2
×1セットずつ

4 両手同時に

1~2
×1セットずつ

ディープブレス

バーオソルの基本姿勢となる「おなか奥」に
スイッチを入れる深呼吸エクササイズ。

動画はこちら ◀

1 鼻から吸って、おなかを膨らませる

鼻から息を吸い、おなかをできる
だけ大きく膨らませる。膨らませ
きったら、2秒キープ。

鼻から吸って

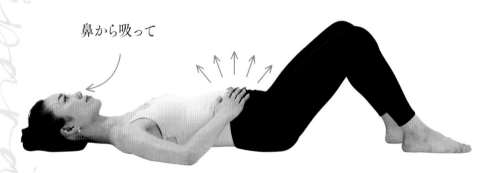

Point 1
腰が床から離れないように！

準備

あお向けになり、両ひざを立
てて肩はリラックス。へその
あたりに両手をおいておく。

効果

+ 浅い呼吸改善
+ おなか引き締め

2 口から吐いて、
へそを背骨に近づける

8秒かけて口から息を吐きながら、へそ
を背骨に近づけるようにおなかをへこま
せていく。これを3セット繰り返す。

口から吐く

Point

おなかをしっかり引き込んだ
状態をキープしながらエクサ
サイズを行っていきます！

1~2×**3**セット

動画はこちら ◀

ジョイントストレッチ

骨盤まわりと肩甲骨まわりをほぐして状態をリセット。
めぐりをよくして動きやすい体へ。

1 片ひざを胸に引き寄せる

あお向けの状態で、片ひざを抱えて胸に引き
寄せ、前ももとおしりをストレッチ。一度ゆ
るめたら、ひざを少し内側に入れてもう一度。
背中が丸まらないよう、注意して。

効果

+ そけい部・わき・腰まわりの
  リンパの滞りを改善

ひざを内側に

2 腰を大きくひねる

抱えていたひざの外側をもち、腰を大きくひ
ねる。反対の手は肩の高さで開いて、おしり
から腰、脇から胸まわりをストレッチ。

3 腕を大きく回す

腰のひねりはそのままに、ひざをもっていた手を肩の高さで開く。横寝になりながら反対の手を重ね、上の手の指先を遠くにスライドさせる。肩甲骨から腕を動かし、大きな半円を描いて元の位置に戻る。これを3回繰り返す。

4 反対側も同様に

1～3までで1セットと数え、反対側も同様に行いましょう。

1～3 ✕ 左右 1 セット

3回

動画はこちら

ダブルニーツイスト

脚の重さを利用して背中を伸ばしながら、
しっかり使えるようにしておきたい腹筋を強化します。

1 両ひざをサイドに倒して、戻す

ひざは 90 度くらいを保ったまま息を吸い、吐きながらサイドに倒す。顔は倒したほうとは反対側に向ける。倒したひざは床スレスレのところでストップ。おなかを意識しながらゆっくりと元に戻す。

8回

床スレスレが難しければ「できる範囲の限界まで」を意識して！

あお向けの状態で両ひざを立て、ひざは内側に引き寄せておく。吐く息でへそを背骨に近づけたら状態をキープ。両手は肩のラインで広げ、手のひらを下にして足裏を床から離す。

効 果

+ 背面のストレッチ
+ おなかの引き締め

2 反対側に倒して、戻す

反対側も同様に。息を吸って、吐きながらサイドに倒す。倒したとき、反対側の肩が床から離れすぎないように意識をしましょう。

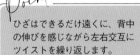

1〜2 × 8 セット

Point

ひざはできるだけ遠くに、背中の伸びを感じながら左右交互にツイストを繰り返します。

3 ひざを抱えて リラックス

8回終えたら、両ひざを抱えてリラックス。

Lesson 2

動画はこちら

オープン & クローズ

脚の重さを利用して股関節まわりをほぐしながら、
おなか奥の引き上げに関係する内ももを強化。

1 両脚を開く

おなか奥を意識しながら、吐く息
に合わせて両脚をゆっくり開く。

開き具合はできるところまででOK！

8回

あお向けの状態で両ひざを立て、吐く息でへそを背骨に近づけた状態をキープ。両手は肩のラインで広げ、手のひらを下。足裏を床から離して、ひざを伸ばす。

効果

+ 股関節まわりの
  ストレッチ
+ 内ももの引き締め

2 内ももを使って 両脚を閉じる

内ももを使うことを意識して、吸う息で両脚をゆっくり閉じる。1～2を8回繰り返す。

1~2×8セット

Point

脚の重みを感じながら、ゆっくり動作すること。反動は使わない。どうしても前ももを使ってしまう場合には、ひざを少し緩めて行ってもOK。

3 ひざを抱えて リラックス

Leçon 2

71

動画はこちら ◀

ニースイッチ

空中で足踏みのような動作を繰り返し、
おしりをはじめとする下半身をシェイプアップ。

1 片ひざは胸に引き寄せ、片ひざは伸ばす

片ひざは胸に引き寄せたまま、もう一方のひざを伸ばして足先はフレックス。ターンアウトにして、おしり下をキュッ！と引き締める。手はへその上に。

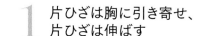

pointe

flex

4回

2 脚を4回、入れ替える

リズミカルに脚を入れ替える。左右で1回とカウントし、4回繰り返す。

pointe

flex

準備

あお向けの状態で両ひざを
立て、ひざは内側に引き寄
せる。足先はポイント。吐
く息でへそを背骨に近づ
け、状態をキープしたまま
両ひざを抱える。

効果

+ おしり下の強化
+ おなか・ひざ上の
  引き締め
+ 美姿勢メイク

Point

背中が浮いてしまう人は、脚
の高さを変えて背中が浮かな
い位置を探しましょう。

3 手を頭上で
アンオーにして、4回

手を頭の上でアンオーにして、さらに4
回入れ替えを続ける。おなかの意識が抜
けてしまうなど、手を上げるのが難しい
場合は、へそにおいたままでOK。

1~3×1セット

4 ひざを抱えてリラックス

動画はこちら

レッグスイッチ

空中で脚を前後に大きく入れ替える動作を繰り返します。
脚の重みを利用し、腹筋強化。

1 脚を前後に大きく開き、4回入れ替える

おなか奥の意識を忘れずに、脚を前後に大きく開く。左右入れ替えで1回とカウントし、4回繰り返す。

4回

Point

入れ替えはリズミカルに。
ただし、反動は使わないこと。

あお向けの状態で両ひざを立て、吐く息でへそを背骨に近づけ、状態をキープ。両手は指を組んで、頭の後ろに回しておく。足裏を床から離してひざを伸ばし、つま先も軽く伸ばす。

効果

+ おなか引き締め
+ 脚の裏側ストレッチ

ひざは伸ばし
切らなくてもOK

2 上体を起こし、さらに4回

床から肩甲骨を浮かせるイメージで頭を起こし、さらに4回入れ替える。難しそうな場合は、上体を起こさず続けます。

肩甲骨から
浮かせる意識

3 ひざを抱えてリラックス

1〜3×1セット

Leçon 2

動画はこちら

ヒップアップ

あお向けの状態でおしりを上げ下げることで、
バーオソルの要「おしり下」を強化します。

1 おしりを持ち上げる

手を体の横におき、坐骨を引き寄せる
意識はそのままに、おしりをゆっくり
持ち上げる。上げきったら、そけい部
の伸びとおしり下の力を感じながら少
しキープ。

Point

おしりを上げたときに……

* **前ももに張りを感じる**
  ➡ かかとの位置をおしりから離す
* **腰に張りを感じる**
  ➡ おしり下を使って、
    おしりをさらに天井に近づける

準 備

あお向けの状態で両ひざを立てて吐く息でへそを背骨に近づけ、状態をキープ。足は腰幅に開いて、つま先をやや外に。坐骨を引き寄せるように、おしり下をキュッ！と引き締める。

・ おしり下の強化
・ おなか・
　背中の引き締め
・ 内臓下垂改善

2 ### 背中を丸めて
ゆっくり戻る

4回

背中の上のほうから、背骨一つ一つを床につけていくようなイメージでゆっくりと元に戻る。1〜2を1セットとして、4回繰り返す。

背骨を1つずつ床につける

1〜2×4 セット

Leçon 2

フット＆レッグ

バレエ特有の足の動きを用いて、股関節から足先まで
全体をほぐしてめぐりをよくします。

動画はこちら ◀

1 足首から下〜 フットエクササイズ

つま先を天井に（ドゥミ）→床から浮くくらい
かかとを押し出す（フレックス）→ドゥミを
通ってつま先を伸ばす（ポイント）。ここまで
を1セットにカウントして4回繰り返す。

demi

Start

pointe

flex

demi

$1×4$回

準　備

足は腰幅に開いて座る。坐骨を引き上げるようなイメージで、骨盤をしっかり立てて座りましょう。手は軽く横に添えるようにしておき、足先はポイントに。

効　果

+ 脚全体のストレッチ
+ そけい部・膝裏リンパの滞りを改善

2 股関節からつま先まで〜レッグエクササイズ Ⅰ

フレックスのまま、股関節から脚全体を外旋してつま先を外に（ターンアウト）→外旋させたままドゥミを通ってポイント→外旋から元に戻す（パラレル）。ここまでを1セットにカウントして4回繰り返す。

3 2の動きを反対に行う〜レッグエクササイズ Ⅱ

ポイントのままターンアウト→ターンアウトのままフレックス→フレックスのままパラレル→ドゥミを通ってポイント。ここまでを1セットにカウントして4回繰り返す。

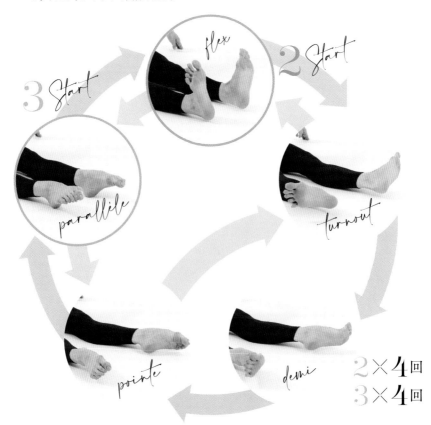

3 Start

flex

2 Start

parallèle

turnout

pointe

demi

2×4回
3×4回

— 12 —

動画はこちら ◀

ヒップストレッチ

あぐらの脚の組み方にアレンジを加え、おしり全体と
股関節周りをしっかり伸ばしてほぐします。

1 両手を斜め前におく

両手を斜め前において、ゆっくり
と息を吸う。

あぐらを組むことができない、もしくは
ツラい場合は、無理なくできる範囲で
足をズラして行いましょう。

準備

あぐらを組むように、曲げたひざの上にもう一方の足のくるぶしを乗せる。下の脚のひざ下を少し前にズラして準備。おなか奥を意識して、姿勢を整える。

効果

✦ おしり・股関節まわりのストレッチ

背中は丸めず、伸ばしたまま

2 息を吐きながら、前屈

吐く息で手を遠くにスライドさせながら、腰から上体を前屈し、5カウントキープ。頭が最後になるように、背中を丸めて元に戻る。

Leçon 2

5カウント
キープ

3 反対側も同様に

1~2×1 セットずつ

「準備編/プレパラシオン」のまとめ動画はこちら

column

どうしても「前もも」を 使ってしまう……という方へ

　バーオソルは皆さんにとって慣れない動きの連続でしょう。動きは一つでシンプルなのに、やってみると意識しなければいけないところはたくさん！　プチパニックに陥るのはバーオソルあるあるですので、ご安心ください。

　それともう一つ、脚を動かすときにどうしても「前もも」の力に頼ってしまうというのも、あるあるです。もちろん、おなか奥とおしり下以外はリラックスがバーオソルの基本なのですが、そう簡単にできないというのも事実。なので、それも**準備段階の一つとして認識して OK** です。

　そもそも「前ももを使ってしまっている」と、自分で認識できるようになったことも素晴らしいことです。**しっかり「わたし」に目を向けられている証拠**ですね。
　とはいえ、そのまま放置してしまっては体は変わらないので、次のステップとして「どのようにしたらもっとおなか奥とおしり下を使えるようになるのか」を自分の体で探っていきましょう。

Leçon 3

KANAMI式 バーオソル・レッスン

基本編

シンプルなのに、すごく効く『ベーシックレッスン』。
動きを取り戻した体を矯正する
トレーニング＆ストレッチです。

自分軸を整えながら強くする！
『3日に1回×1ヶ月』の身体矯正

　1週間の準備期間を経て、凝り固まっていた体に、少しずつ動きやすさが戻ってきたのではないでしょうか。

　では、ここからはメソッドの本編「基本編／バーオソル」を紹介していきましょう。

　基本編に入ることで、より「ムーブメント」の要素が強いプログラムになっていきます。ムーブメントとは「運動」のこと。プレパラシオンでは「自分軸を呼び覚ます」という目的のために、体幹トレーニングの要素を強めていました。バーオソルでは、本来のバレエのための準備運動としての役割を思い出し、もっとバレエの動きに近づいていきます。

　実際にどのようなことをしていくのかというと、エクササイズにおいて上半身と下半身との動きの連動性を高めていきます。腕、背中、おなか、おしり、脚、足先。すべてを同時進行で使って、鍛えて、ストレッチすることで自分軸を整えながら、さらに強化していくことが可能となります。3日に1回、全身をイッキに使って身体矯正を実現していきましょう。

言葉で読むと、ちょっと難しそう……⁉ と、不安に感じるかも
しれませんね。でも安心してください。「バレエの動きに近づく」
とは言っても、あくまで「バーオソル」なので床の上であることに
変わりはありません。**プログラムは、座り姿勢と寝姿勢のみ**で構成
されています。

　なぜ、寝姿勢になるのか。ちょっとだけ説明しておきます。先に
答えを言うと「おしり下」と呼んでいるおしりのインナーマッスル・
深層外旋六筋を使いやすくするためです。

　人間のおしりは、ほかの動物と比較したときにとても発達してい
ることがわかっています。なぜなら、おしりのアウターマッスルが
「抗重力筋」の一つとして二足歩行を支えているからです。
　つまり、立位姿勢で動いてしまうと重力に抗う力が必要になり、
インナーよりもアウターが力を発揮してしまうため、バーオソルで
は寝姿勢を多用するのです。

続けて1ヶ月、心地よさを実感。3ヶ月後、会う人に気づかれる!

　バーオソルは、毎日やる必要はありません。もちろん頻度は高いほうが変化のスピードは速くなりますが、そもそも短期決戦のためのメソッドではないのです。

　身体矯正力がどれだけ強くても、長い人生のなかでたった1週間やっただけでいい状態が一生続く……なんてムシのいい話はないのです。

　パリに暮らす女性たちのように、**定期的なボディメンテナンスとして生活の一部になじませていただきたい**と思っています。ですので、目安は3日に1回。1週間に2回くらいのペースで、まずは1ヶ月続けてみましょう。

　バーオソル実践者の多くの方が、だいたい1ヶ月くらいから自分自身の体の心地よさを実感し始めています。

　「歩きたくなる」「もっと体を動かしたくなる」といったお声をいただくのと同時に「体を動かすことで気持ちが晴れやかになる」など、体の心地よさが心の心地よさに直結することがよくわかるお声も届いています。

自分だけが感じるちょっとした変化が積もっていくと、今度は自分以外の誰かの目にも明らかな変化へと進化を遂げます。平均3ヶ月目を迎える頃には、会う人みんなから「キレイになったね」「なんだか最近、イキイキしているね」「何か新しいことを始めたの？」といった反応を得ているようです。

　ここでもバーオソルの特色が出ているな、と感じるのは「やせたね」とか「引き締まったね」といった**ボディラインの変化というよりも、その人自身の放つオーラが変わったという印象を相手に与える**ということです。

　それはやっぱり、心と体の「自分軸」を整えるというバーオソルを通じて「わたし自身」に目を向け、大切にするというアプローチをしているからなのだろうなと、改めて思います。

　とはいえ、もちろんボディラインにもしっかり変化が現れます。生徒さんのなかには「後ろ姿、キレイですね」と声をかけられたという方も。また、インナーが整うと姿勢が整い、埋もれがちな首もスラッと長くなるので「タートルネックをキレイに着こなせるようになった」という感想が、とても多いのです！

-1-

坐骨すわり

まずは基本の姿勢づくりから。座位で行うエクササイズでは
骨盤を立て、坐骨で床をとらえます。

1 骨盤を立てて 座る練習

骨盤を立て、背すじを伸ばししっ
かりと坐骨で床をとらえて座る。

NG

骨盤が倒れると背中が丸まって
しまうので注意。

まっすぐ！

坐骨で
床をとらえる

床をとらえるのは、おしりの「面」ではなく
坐骨の「点」であることを忘れずに。

※すべてのエクササイズはヨガマットなどをしき、くつ下着用で行うのがオススメです

2 おしり下の引き締め練習

坐骨を引き寄せ合うようなイメージで、おしり下にキュッ！と力を入れます。骨盤全体が上に引き上げられるような感覚があるはず。

Leçon 3

おしりを
引き締めると……

* 頭の位置が、
  少しだけ上がる
* 腰幅が、
  少しだけ狭くなる

この2点をカクニン！

キュッ！

やりにくい場合は……
上体を後ろに倒し、やりやすいポジションを見つけましょう。

動画はこちら

プリエ＆ストレッチ I

座位の基本姿勢でひざの曲げ伸ばしをくり返します。
この後のエクササイズのベースにもなる動きです。

1 両ひざを体に引き寄せる

おなか奥とおしり下の力で、両ひざを
曲げて体のほうへ引き寄せる。

OK **NG**

両足は足先だけでなく、内くるぶしを引き
寄せる意識で動かしましょう。

2回

2 戻して
おしり下キュッ！

ひざを伸ばし切るのと同時に、
おしり下をキュッ！と引き締め
る。1〜2を2回繰り返す。

キュッ！

準 備

坐骨すわりで準備。おなか
奥とおしり下への意識を再
度確認します。

効 果

+ 体幹強化
+ 美姿勢メイク
+ ○脚改善

3 **足3種を繰り返す**

ひざを伸ばしたまま、足を「フレック
ス」に。「ドゥミ」を通って「ポイント」
に。この足3種の動作を2回繰り返
したら、1セットが終了。

$1{\sim}3\times8$セット

flex

2回

demi

pointe

フレックス	ドゥミ	ポイント
かかとをグーッと押し出す	指先を残して足の甲を伸ばす	指先まで伸ばす

Leçon 3

プリエ & ストレッチ II

あお向け姿勢で「プリエ & ストレッチ I」の
動作を繰り返します。

1 かかとを上げ、両ひざを寄せる

内くるぶしを中央に集め、おなか
奥とおしり下の力で両ひざを曲
げ、体のほうへ引き寄せる。

キュッ！

2回

2 両ひざを戻す

おしり下を引き締める意識はその
ままに、ひざを伸ばす。1〜2を
2回繰り返す。

あお向けになり両ひざを
曲げ、おなか奥とおしり
下を確認。整ったら両手
を肩の高さで横に開く。

効 果

✦ 体幹強化
✦ 美姿勢メイク
✦ ○脚改善

3 足3種を繰り返す

ひざを伸ばしたまま、足を「フレック
ス」に。「ドゥミ」を通って「ポイン
ト」に。この動作を2回繰り返す。

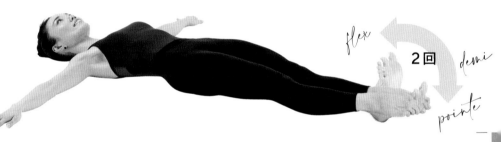

flex

2回

demi

pointe

Leçon 3

$1\text{~}3 \times 8$ セット

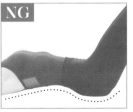

膝を曲げるとき、腰が反りやすいので注意。

動画はこちら ◀

プリエ & ストレッチ III

あお向け姿勢で「プリエ＆ストレッチ I」の動作を、
アンレール（空中）で行います。

1 空中で 両ひざを寄せる

脚を空中に持ち上げたまま、おなか奥とおしり下の力で両ひざを曲げて体のほうへ引き寄せる。

キュッ！

2回

2 両ひざを戻す

おしり下を引き締める意識はそのままに、ひざを伸ばす。
1〜2を2回繰り返す。

準 備

「プリエ＆ストレッチⅡ」と
同様に。おなか奥とおしり
下への意識を再確認。

効 果

+ 体幹強化
+ 美姿勢メイク
+ ○脚改善

demi　*pointe*

2回

flex

3 足3種を繰り返す

ひざを伸ばしたまま、足を「フレッ
クス」に。「ドゥミ」を通って「ポイ
ント」に。この足3種の動作を2
回繰り返す。

1~3×**8**セット

動画はこちら ◀

プリエ アップ & ダウン

うつ伏せの姿勢で「プリエ」をして、
脚の上下動作を繰り返す。

UP
↑

1 ひし形を保ち、脚を上下

床から前ももを離すように、脚を持ち
上げる。アップ＆ダウンで1回と数
えて、2回繰り返す。

キュッ！

flex

2回

DOWN

うつ伏せになり、おなか
奥とおしり下を再度確認
します。内くるぶしを寄
せ、両ひざを開いて脚で
ひし形を作る。足はフ
レックス。首すじを長く
保ち、手は顔の横に。

効 果

+ 体幹強化
+ 美姿勢メイク
+ 内もも＆背面強化
+ ヒップアップ

2 両手をアンオーに してキープ

3回目、脚をアップしたら両手を
床から離してアンオーを作り、2
カウントキープしてからダウン。

UP
↑

2 カウント
キープ

常におなか奥とおしり下への意識
をもつこと。脚の上下にフォーカ
スしてしまうと、腰に負担がかか
りやすくなります。

脚で作ったひし
形をキープ。崩
さないよう動き
ましょう。

$1〜2×8$セット

バックストレッチ

よつばいから正座になって、
たくさん使った背中をストレッチします。

1 うつ伏せから よつばいを通って正座

直前の「プリエ アップ＆ダウン」での
うつ伏せ姿勢から、手を胸の横におき
直す。よつばい姿勢を通っておしりを
かかとに乗せるようにして正座に。

効果

+ 美姿勢メイク
+ リラックス

2 手先とおしりを 引っ張り合う

手先とおしりを引っ張り合うことで背
中を全体的にストレッチ。深呼吸を1
回してから、上体を起こす。

Barre au sol
Fin.

check!

バーオソルエクササイズを終えて「カラダの感覚」はどうなっ
ていますか？ 体験者の感想をもとに、あなたも自分の体の変化
をキャッチしてみてください！

無駄な力みがなくなって、
手足がずっしり重たい

首や肩の
リラックス感が強い

内ももやおしりに、
使った感がある

呼吸がしやすく、
深くなった

肋骨の動きが
よくなった

ひざ裏が伸ばしやすく
なっている

P44の現状チェックも、
是非もう一度やってみましょう。

「基本編／
バーオソル」の
まとめ動画は
こちら

Leçon 3

動画はこちら ◀

体幹ローリング 初級編

　バーオソルには、体幹部の筋肉を強化し体の軸を整える効果があります。その効果を実感するのに最適なのが、ここで紹介する「ローリング」の動きです。バーオソルエクササイズの後には、是非この動作を行ってみてください。

　はじめのうちは難しいと感じるかもしれませんが、回を重ねるごとに軸が整い、ローリング動作がスムーズになっていくはず。自分自身の成長を可視化することができる、というわけです。

準 備

あお向けになり頭の上でアンオーを作り、揃えた両脚は股関節からターンアウト。おなか奥とおしり下への意識を再確認。

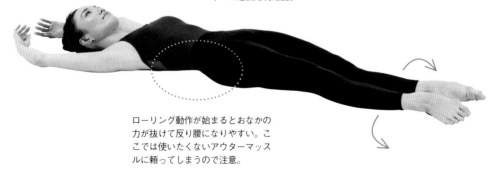

ローリング動作が始まるとおなかの力が抜けて反り腰になりやすい。ここでは使いたくないアウターマッスルに頼ってしまうので注意。

1 両手・頭・両脚を浮かせる

全身で「く」の字を書くように両手・頭・両脚を床から浮かせる。

2 骨盤から体を動かし横向きに

骨盤から全身を動かして、ゆっくりと回転しながら横向きで一旦停止。あお向けに戻って、今度は反対側に回転。一旦停止してから、1に戻る。

初級編がラクにできるようになったら、上級編にトライ!

体幹ローリング
上級編

　骨盤からの全身の動きで、うつ伏せまで180度回転します。倒れるときに、バタン！と勢いで倒れないこと、うつ伏せから横向きに戻るときに手などを使わないことを注意しましょう。

1

2

「く」の字のあお向けから
横向きになるまでは初級と同じ

5 あお向けに戻る

全身で「く」の字を書くように、おしりからの着地であお向けに戻ったら反対側にも180度回転する。

4 うつ伏せから横向きに

反対側に回るため、横向きに戻る。戻るときにも姿勢はできる限り崩さないこと。

NG

常に姿勢は崩さずに。

3 うつ伏せまでコントロール

ゆっくりとうつ伏せ姿勢までもっていく。このとき、バタン！と勢いで倒れないように。おなか奥とおしり下の力で動きをコントロールします。

KANAMI式バーオソル実践者たちの
Before & After 3例

週1回、3ヶ月実践したときの変化 Mさん（30代）

BEFORE ≫

AFTER ≫

姿勢改善

おなかスッキリ

ヒップアップ

バーオソルで正しい姿勢を取り戻す。
それだけで見た目はこんなにも変わる！

バーオソルを始めたことで感じた変化

　ボディラインが引き締まり、まわりからは「痩せたね」「姿勢がすごくいい」と言われるようになりました。それによって、大きく変化したのは服装。今まで、ダボっとした服をよく着ていたのですが、上も下もワンサイズ小さい服を着られるように。**ラインがよく出るピッタリとした服も綺麗に着こなせ、「おしゃれになったね」と言われて自信がつく**ようになりました。

　私はシンガーソングライターなのですが、インナーマッスルが鍛えられたことで発声がラクになり、持続力がつき、声にパンチが出たり、今まで自分でどうしたら変化できるのかと課題にしていたことが、まさかバーオソルのおかげでこんなに簡単に解決するのかと驚きました。

バーオソルに感じている魅力

　誰でもできる動きなのに、続けると確実に綺麗に変化できるということ。レッスン後はすぐにボディラインに変化が起こり、帰り道の歩き方からラクになる。次の日もその状態が持続しているのはバーオソルならではだと思います。**インナーマッスルが鍛えられたおかげでムキムキの筋肉というより見た目も綺麗な女性らしい、でも引き締まっている身体ができる。**本当にすべての女性たちにおすすめできると実感しています。

　姿勢がよくなると、見た目が変わる。鏡に映る、自分の姿が好きになる。精神的にもブレなかったり、ちょっとしたトラブルがあってもうろたえず構えられたり……。人は見た目でかなりの印象を与えると思うので、その**見た目を内側からも外側からも同時進行で変化させることができる**のがバーオソルの魅力だと思います。

1週間のうち、5日間
実践したときの変化 Aさん（30代）

食事制限どころか、お正月でいつもより食べる量は増えていたのに、5回のレッスンで体重が減り、筋肉量が増えるといううれしい効果にびっくり！

体重	3.4kg減
体脂肪	7.7%減
筋肉	1.4kg増
内臓脂肪	3.5%減
BMI	2.3%減
体内年齢	8歳減

BEFORE

AFTER

BEFORE

AFTER

バーオソル歴8年目！
経年の変化 Mさん（61歳）

　54歳でバーオソルと出合うまでは「運動が嫌いで近所のスーパーに行くのも車」「脚の形に自信がなく、いつもパンツスタイル」でした。でも、1ヶ月に一度のレッスンから始めて体は徐々に変化が…。**脚を動かすたびに出ていた膝の痛みは消え、今では階段利用も問題なし。姿勢改善もすすみ、特にレッスン後は顔がリフトアップし顔色までよくなることを実感しています。**現在は、週に1回のペースでレッスンを受け、姿勢、後ろ姿を褒められることも増えました。還暦を迎えた際には、憧れのブランドのドレスを着る夢を叶えました！

La croissance

Leçon 4

KANAMI式 バーオソル・レッスン

成長編

体をもっとリズミカルかつ大胆に動かす
「アドバンスレッスン」。"ゼロ地点"から自由に、
そして力強く羽ばたくための「翼」を手に入れましょう。

身体矯正の、その先へ——
まだ見ぬ「わたし」に会いに行こう

"Qui ne tente rien n'a rien."

　このフレーズは、フランス語のことわざのようなもの。意味は「**挑戦しなければ、何も手に入らない**」です。

　この本を読んでくださった多くの方にとって、そもそもバーオソルそのものが「挑戦」だったのではないでしょうか。でも、その挑戦を実行に移したからこそ、心地いいと思える体を手に入れることができたわけです。

　そして、おそらく始める前よりも、もっと「わたし」は「わたし」を好きだ、と言えるようになっているのではないでしょうか。そうであってほしい、という願いを込めながら……。

　でも、**現状で満足してしまってよいのでしょうか？**

　わたしは知っています。
　あなたは、もっと輝けるということを。

凝り固まった体を解放したのは、マイナスからゼロへの調整。

　本来あるべき状態へと矯正するのは、ゼロ地点での基礎固め。

　せっかくここまできたのなら、ゼロからプラスへの一歩を踏み出しませんか？　**まだ見ぬ「わたし」に出会う旅のチケットは、もうここに用意されています**。あとは、あなた自身がそれに手を伸ばすか、伸ばさないか。

　繰り返します。

　挑戦しなければ、何も手に入らない。

　仕事や恋愛など、何かほかのことであれば、むやみに挑戦を促すことはしませんが、体づくりはやればやるだけ必ず自分に返ってくるものです。

　ここに**失敗があるとすれば、自分自身を信じずに怖がってその手を伸ばさないこと**でしょう。

「どれか一つだけ」でもOK
やってみれば、必ずできる!

さあ、その手を伸ばす覚悟は決まりましたか?

それでは最後に「成長編／クロワッサンス」をお届けします。「挑戦編」としなかったのは、挑戦の手を伸ばした先には成長が待っているという私からのメッセージです。

成長編といっても結局は「バーオソル」なので、やはり「床」を利用して動いていきます。ただ、**準備編や基本編と比べたら床との接地面積が小さくなっていきます。**
動きも少々複雑に、リズム&スピード感もプラスされます。

でも、できなくたって大丈夫です。
だって、**できないのは「今、できない」だけ**だから。

続けるうちに、誰だってできるようになるわけですから、むしろ、できない今を大切に感じ取ってあげてください。「できないことに挑戦したわたし、最高だね!」と、心のなかで褒めてあげましょう。

La croissance!

　成長編のエクササイズは、全部で5つ。はじめのうちはどれかやってみようかな、と思った一つだけでも OK。

　私は KANAMI 式バーオソルを通して、皆さんが本来もっているはずのエネルギーを最大限引き出すお手伝いをしたいと思っています。成長編を通して、**日々の疲れなんてバサッと吹き飛ばしてしまうくらいの力強い「翼」を手に入れましょう。**

プティバットマンⅠ

脚の大きな開閉動作とすばやい交差動作を、姿勢を変えて
行います。まずは、あお向けで。

動画はこちら ◀

1 足をターンアウト

両脚を持ち上げて、床に対して垂直
に。股関節から足をターンアウトさ
せたら内もも、おしり下、おなか奥
の3点をしっかり意識します。

2 左右交互に1回ずつ、横に開いて閉じる

片脚ずつ左右交互に1回ずつ、横
に開いて閉じる。開いたときは、床
スレスレのところでストップ。戻る
ときは、内ももの力を使いましょう。

NG

横に開いたとき、背中が床か
ら離れて浮かないように。

※すべてのエクササイズはヨガマットなどをひき、くつ下着用で行うのがオススメです

準 備

あお向けの状態で両ひざを
立て、ひざは内側に引き寄
せておく。吐く息でへそを
背骨に近づけ、状態をキー
プ。両手は肩の高さで広げ、
手のひらを下に。

効 果

✦ 体幹強化
✦ 美姿勢・美脚メイク

3 脚を交差して、
元に戻る

おしり下を使って、脚の上下を入れ
替えながら6回交差する。これで、
1セット。7回目で両脚をそろえて
準備。1〜3を8セット繰り返す。

1、2、3、4、5、6

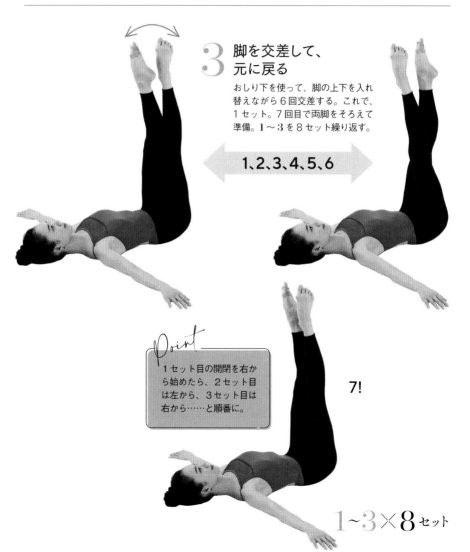

Point

1セット目の開閉を右か
ら始めたら、2セット目
は左から、3セット目は
右から……と順番に。

7!

Leçon 4

1〜3×8セット

動画はこちら

プティバットマン II

脚の大きな開閉動作とすばやい交差動作を、姿勢を変えて
行います。次は、うつ伏せ姿勢で。

1 左右交互に1回ずつ、横に開いて閉じる

両脚を持ち上げた状態で片脚を横に開いて足を
床につけ、ゆっくり戻す。開くときは、ターン
アウトさせるようなイメージで動作をしましょ
う。戻すときは、内ももを使って。反対側も同
様に1回、開いて閉じる。

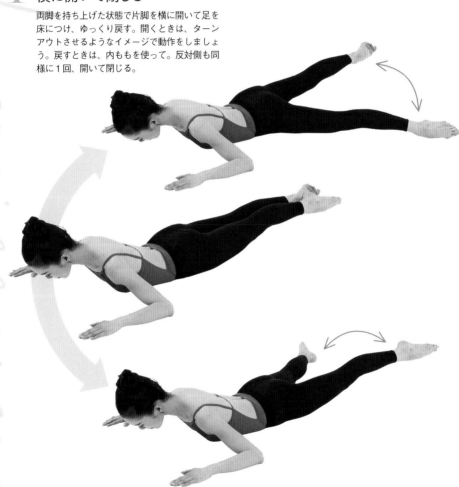

準備

うつ伏せで手を顔の横につき、上体を少し持ち上げて背中を意識。おなか奥を引き上げ、つま先はやや外に向けおしり下をキュッ！と引き締めておく。この姿勢をキープしたまま、両脚を床から持ち上げ準備。

効果

+ 体幹強化
+ 美姿勢・美脚メイク
+ ヒップアップ

2 脚を交差して、元に戻る

おしり下を使って、脚の上下を入れ替えながら6回交差する。これで1セット。7回目で両脚をそろえて準備。1～2を8セット繰り返す。

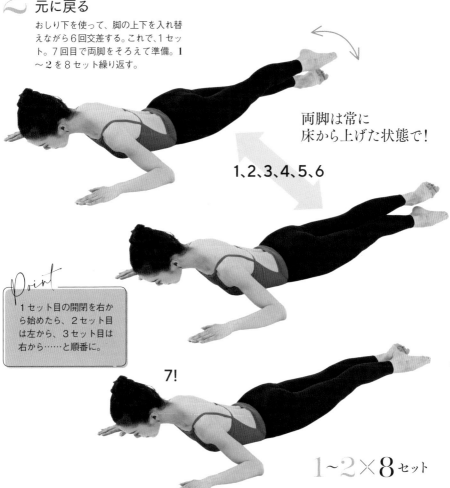

両脚は常に
床から上げた状態で！

1、2、3、4、5、6

Point

1セット目の開閉を右から始めたら、2セット目は左から、3セット目は右から……と順番に。

7!

1~2×8セット

Leçon 4

プリエ＆アブス

脚上げと腹筋運動で、基本姿勢のおなか奥とおしり下を
しっかり強化します。

1 吐く息で上体を起こし、ひざを伸ばす

息を吸い、吐く息で肩甲骨が床から少
し離れるくらい上体を持ち上げたら、
次に脚のひざを伸ばす。

up!

NG

上体を持ち上げるとき、ひじは閉じ
ない。開いたままをキープします。

stretch!

準 備

あお向けの状態で両ひざを
曲げ、おなか奥とおしり下
への意識を確認。手は組ん
で頭の後ろにおいておく。
両脚を持ち上げて、準備。

効果

+ 体幹強化
+ おなか引き締め
+ 美脚メイク

2 ひざを戻して、息を吸いながら上体も戻す

ひざを戻して、息を吸いながら上体を
床に戻す。ここまでが1セット。リ
ズミカルに8セット行います。

plié

down!

1~2×**8**セット

3 ひざを抱えてリラックス

8セット繰り返したら、両
ひざを抱えてリラックス。

Lesson 4

117

動画はこちら ◀

パッセ & ストレッチ

横寝の状態で脚を大きく使いながら、その重みを利用しつつ
下半身を中心に全身を刺激。

1 内ももを意識して、ひざを曲げる(パッセ)。

上の脚を大きく使っていきます。内ももを意識して、ひざを曲げる。

passé!

準備 | 横寝になる。下の腕は耳の下で伸ばし、反対の手は胸の前あたりで手のひらを床に、ひじを張っておく。おなか奥とおしり下への意識を確認したら、上の脚を少しターンアウトさせて準備。

効 果

+ 体幹強化
+ ヒップアップ
+ 美姿勢・美脚メイク

---

2 ひざを股関節から「イン」「アウト」

内くるぶしを下の脚のひざにおいて、ひざを内に入れる（イン）。今度はつま先をひざにおいて、ひざを外に広げる（アウト）。

in

NG インのとき、ひざは床につかない

out

Leçon 4

続く

3 ひざを曲げ伸ばし

ひざを伸ばして足先を天井に向ける。内ももを使って、再びパッセ。もう一度ひざを伸ばしてストレッチ。

stretch!

passé!

pointe

flex

4 ひざを伸ばしたまま、足先を動かす

フレックス→ポイントを1回。

5 1〜4を 8セット繰り返す

6 反対側も同様に、 8セット繰り返す

NG

動作手順が多いため、油断すると
基本姿勢に乱れが！　おなか奥と
おしり下への意識を忘れずに。

1〜4×左右8セットずつ

動画はこちら ◀

フィンガースナップ

座位の状態で脚を持ち上げたまま、ツイストを加えていきます。
ラストエクササイズ、楽しんで！

1 体をツイストして、フィンガースナップ

姿勢をキープしたまま、脚を持ち上げて腰からツイスト。8回指を鳴らしたら、反対側にツイストして8回。4回ずつ→2回ずつ→1回ずつ×2……と続ける。

snap

twist

snap

twist

準備

骨盤を立てて座り、おなか奥を
意識。両ひざを曲げて足首をク
ロスしたら、姿勢はキープした
まま上体をやや後ろに倒す。

効果

+ 体幹強化
+ ウエスト引き締め
+ 肩こり解消

2 長座で深呼吸＆
ストレッチ

1回ずつを終えたら、脚を床において
呼吸を整えながら前屈。

3 足を組み替え
同様に

足首を逆にクロスさせて、
もう一度 1 〜 2 を行う。

NG

スピードが速くなると姿勢が崩れ
がち。ツイストは、腕だけでなく
しっかり腰からひねりましょう。

「成長編／
クロワッサン」の
まとめ動画は
こちら ◀

Epilogue

　私がバーオソルと出合ったのは、16歳のとき。多くの学びとパフォーマンスアップを求めて渡仏し、カンヌのバレエ学校で世界各国の若きバレエダンサーたちとともに、日々レッスンに励んでいた頃でした。

　それまでの私は怪我がとても多く、10代にして腰痛や股関節痛に苦しむ日々を送っていました。加えて、脚のラインや日によって異なる顔のむくみに悩み、それに伴う動き、表現方法といったバレエテクニックのスキルアップにも壁を感じていました。

　さまざまなワークショップに参加したり、新しいトレーニングや器具を試したり、よい先生のレッスンがあると聞けば国内外問わずに出向いて参加。ありとあらゆる方法で、痛みのない自分の理想的な体に近づけるよう努力し続けていました。

　そんななか訪れた、パリでのこと。
　バーオソル創始者・クニアセフ先生の愛弟子であるジャクリーン

バーオソルの大師匠！ジャクリーン先生と。現在は一線を退いておられます。生粋のパリジェンヌである先生から、バーオソル以外にもバレリーナとしての在り方、女性としての在り方、人としての在り方を学びました。

先生と出会いました。そのときに受けたカルチャーショックと言ったら……。大げさでなく、そののちの私の人生を大きく左右した瞬間です。

　ずっと抱えていた痛みは消え去り、バレエの動きもずっとスムーズに、そしてコンプレックスだった脚のラインがみるみるうちに整っていきました。

　当時プロになれるのかどうか、本当に不安な時期でした。しかしバーオソルとの出合いがあったからこそ不安を乗り越え、夢を実現することができたのだと、実感しています。

　寝転がるスペースさえあれば、すぐにできる。年齢も性別も体力レベルも関係なく、誰にでもできる。それでいて、体のすべてのパーツが正しいところにハマるような感覚を得られて、続けるごとにマインドまでもがポジティブに変わる——。

私は今も、定期的にパリに行き、自身をアップデートしています。現在の先生は、同志でもあるラファエル先生。ジャクリーン先生のお弟子さんに当たる方で、元パリ・オペラ座バレエダンサーでもあります。

　私のすべてを変えてくださったジャクリーン先生は、いまは一線を退いています。その代わり、彼女からバトンを渡された弟子たちが伝統を受け継ぎ、バーオソルの素晴らしさを次の時代へと紡いでいます。

　私もその一人。バーオソルによって心と体の「自分軸」を整え、なりたい自分にどんどん近づいていくワクワク感を、一人でも多くの方に味わっていただきたい。そのお手伝いができたのなら、これほどうれしいことはありません。もしもこの一冊が、手にとってくださった皆さまの踏み出すキッカケとなれたら、本当にしあわせです。

　すべての出会いに、感謝を込めて。

　最後までお読みいただき、ありがとうございました。

KANAMI

KANAMI
バーオソルクニアセフメソッド®トレーナー
バレエダンサー、（株）Star Wisteria代表取締役

広島県生まれ。16歳よりフランス・カンヌ・ロゼラハイタワー・バレエ学校に留学。留学中にバーオソルクニアセフメソッドと出会い、創始者ボリス・クニアセフ氏の愛弟子であるジャクリーン氏より直接指導を受ける。その後、モスクワ国立ボリショイバレエ学校卒業（ディプロマ取得）。ワシントン・バレエ団にて研修後、米国・コロンビア・クラシカルバレエ団と契約し、入団後わずか2ヶ月で「くるみ割り人形」の主役に抜擢され全幕を踊る。以後、数々の欧州のバレエ団を経て、帰国。

2012年9月よりバーオソルクニアセフメソッドのスタジオ、"Studio du Barre au sol "Ca" をOPEN。ティップネスプログラム・美姿勢ワークアウト開発（オンライン動画サービス "Hulu" にてエクササイズを配信中）を手がけるほか、国内外のダンサー、アスリート育成にも力を入れる。

2020年1月、南青山に自身のパーソナルトレーニングスタジオをOPEN。パーソナル＆グループまで数多くのクラスを受け持ちながら、テレビや雑誌などでも活躍中。

現在は定期的にパリで学びながら、ヨーロッパやアメリカでもアスリートやダンサーのサポート、またワークショップを開催するなど、美容や健康までトータルでプロデュースする。

Studio info
Personal Training Studio CA
東京都港区南青山3丁目1-36 7F
https://kanamishiki.com

Staff

アートディレクション	江原レン
デザイン	江原レン、森 紗登美
イラスト	natsu yamaguchi、田中裕子（P.47, 50）
メイク	MICO
ネイリスト	YUKO（Toreaque）
撮影	天野憲仁（日本文芸社）
編集・執筆協力	鈴木彩乃

à Paris

撮影	KOS-CREA
ヘアメイク	Azusa Kato
キッズモデル	Noémie Meyrat, Célia Meyrat
アシスタント	ERIKA.

衣装協力

レペット
〒107-0052 東京都港区赤坂 8-5-30
お問い合わせ：03-6439-1647

チャコット
〒150-0041 東京都渋谷区神南 1-20-8
お問い合わせ：0120-919-031

寝たままできる！
パリジェンヌたちの体幹トレーニング
KANAMI式バーオソル

2020 年 3 月 20 日 第 1 刷発行

著 者	KANAMI
発 行 者	吉田芳史
印 刷 所	図書印刷株式会社
製 本 所	図書印刷株式会社
発 行 所	株式会社日本文芸社
	〒135-0001　東京都江東区毛利 2-10-18 OCM ビル
	TEL 03-5638-1660（代表）

Printed in Japan　112200306-112200306 Ⓝ 01　（230046）
ISBN978-4-537-21781-0
URL https://www.nihonbungeisha.co.jp/
©KANAMI 2020
編集担当：河合